Die Schiffahrt im Burgenland

Ziehbrunnen bei Neusiedl

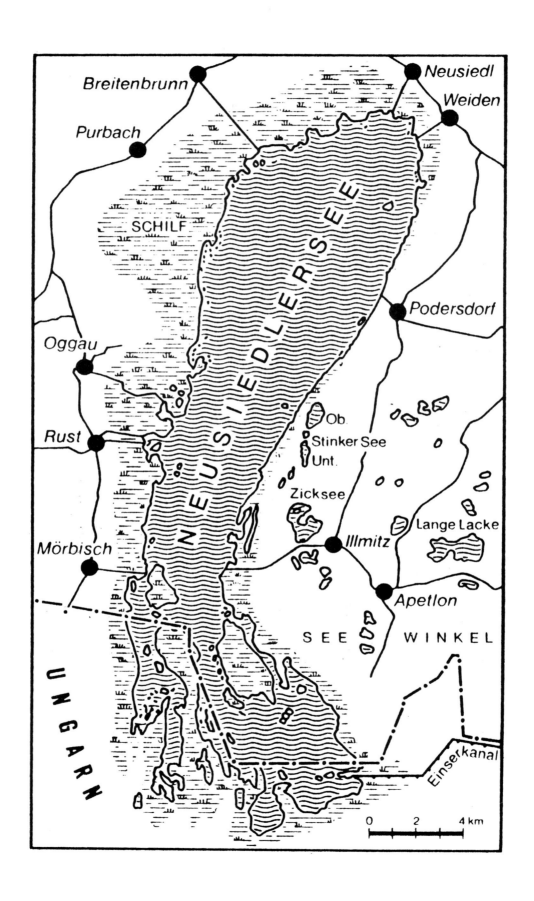

DER NEUSIEDLER SEE

Vom Fertö-Tava zum „Meer der Wiener".

Seepaß: 115 m Seehöhe, 320 km² Wasserfläche, 36 km lang,
14 km breit und größte Tiefe 1,8 m.

Der Neusiedler See, der größte Steppensee Mitteleuropas, befindet sich im äußersten Osten Österreichs, am Schnittpunkt zwischen den Alpen und der Pußta. Der größere Teil des Sees liegt im österreichischen Burgenland, das nördlichste Ende, ungefähr ein Fünftel, gehört hingegen zu Ungarn. An Zuflüssen besitzt er am Westufer die Wulka sowie kleinere Bäche bei Kroisbach und Winden. Ihre Wassermengen sind freilich von geringer Bedeutung, denn die weitaus größere Wasserzufuhr erfolgt durch das Grundwasser (unterirdische Quellen) und die Niederschläge. Der im südlichen Teil des Sees auf ungarischem Gebiet liegende „Einserkanal" trägt wegen seines geringen Gefälles kaum zur Entwässerung bei, ganz im Gegenteil: Bei Hochwasser der Donau strömt das Wasser der Rabnitz, in die der Einserkanal führt, in den See zurück. Durch diese Zu- und Abflußlosigkeit wird der Wasserstand des Neusiedler Sees also in erster Linie durch das Grundwasser und den Niederschlag bestimmt.

Im Laufe der Geschichte brachten große Klimaschwankungen immer wieder den See zum Austrocknen. So auch im Jahre 1868, wo zwischen 1865 und 1871 eine große Trockenperiode zu solch einer Naturkatastrophe führte. Nach kurzer Zeit war der gesamte nunmehr trockene Seeboden mit einer Salzkruste bedeckt, und der Nordwestwind trieb die Salzwolken über das Land. Besonders Podersdorf mit seinen umliegenden Äckern und Weingärten litt unter diesem Umstand. Im Jahre 1868 begannen die Bewohner am Westufer zwischen Winden und Wolfs auf dem Seeboden sogar Weizen und Rüben anzubauen. Aber auch regelmäßig befahrene Fahrwege führten durch den See, so von Illmitz nach Rust und von Podersdorf nach Oggau beziehungsweise Winden. Erst im Jahre 1870 begann sich das Seebecken langsam wieder aufzufüllen.

Für die Segler ist besondere Vorsicht im Sommer an heißen und schwülen Tagen geboten, da aufziehende Gewitter meistens außer Sturm auch extremen Seegang – wegen der geringen Wassertiefe – bringen. Sturmwarnungen werden außer über akustische und optische Anlagen auch über das lokale Radio Burgenland durchgegeben. Der Südwind ist der klassische Segelwind und für Regatten bestens geeignet. Natürlich kann die Wetterlage auch am Neusiedler See den Seglern Flauten oder die böigen, drehenden Ost- bis Nordostwinde bescheren.

Geschichtlich wird der Neusiedler See das erste Mal bei Plinius erwähnt, der ihn als lacus peiso bezeichnete. Gegen Ende des zehnten Jahrhunderts scheint der See wieder im Zusammenhang mit der Besiedlung des nördlichen Ufers durch die Bissener urkundlich auf. Interessant ist auch die Beschreibung eines Bootsverkehrs zwischen den Ortschaften Illmitz und Rust im Jahre 1237. Im Laufe der Geschichte änderte der See immer wieder seine Form sowie seine Ausdehnung, bedingt durch seine zeitweisen Wasserstandsschwankungen. Die letzten Tiefstände dieses Jahrhunderts, verbunden mit größeren Fischsterben, ereigneten sich 1912/13 und 1934.

Schon im Jahre 1838 entstand unter dem königlichen Kommissär Graf Franz Zichy der Plan, den Neusiedler See oder, ungarisch, den Fertö Tava, wie er damals hieß, durch einen Kanalbau zu entwässern. Das Problem der Finanzierung ließ den Bau dieses Einserkanals erst fast ein halbes Jahrhundert später anfangen. Mit der Teilstrecke Rabnitz – Pamhagen wurde am 14. Juni 1895 begonnen und am 2. September 1895 mit einem Kostenaufwand von über 2 Millionen Kronen vollendet; die Verlängerung bis zum See wurde dann im Jahre 1909 durchgeführt.

Noch in der ungarischen Zeit wurde nach dem Beschluß des Palatinalgerichtes im Jahre 1866 die Seefläche auf das Wieselburger und das Ödenburger Komitat aufgeteilt. Im Jahre 1921 fiel dann das Burgenland nach über tausendjähriger ungarischer Herrschaft aufgrund der Volksabstimmung vom 14. De-

Abendstimmung am
Neusiedler See

zember 1921, aber ohne Ödenburg – der vorgesehenen Landeshauptstadt – an Österreich. Der Anpassungsprozeß dauerte einige Jahre, und erst 1925 wurde Eisenstadt zur neuen Landeshauptstadt gekürt. 1938, also keine 17 Jahre später, gab es kein Burgenland mehr. Das Landesgebiet wurde nach dem Anschluß geteilt und den Gauen Steiermark und Niederdonau angegliedert. Erst 1945 feierte das Burgenland seine Wiederauferstehung.

Der Neusiedler See ist ein berühmtes Vogelparadies. In diesem größten Vogelreservat Mitteleuropas haben über 300 Arten ihren Lebensraum sowie ihre Brutstätten. Damit der Fortbestand dieser einmaligen Flora und Fauna gesichert bleibt, wurden große Flächen zum Naturschutzgebiet erklärt. Es gelang auch, die schon gänzlich ausgestorbene Großtrappe rückzuzüchten und auszusetzen. So ist es auch kaum verwunderlich, daß auf Initiative des Österreichischen Naturschutzbundes am 14. Oktober 1950 eine Biologische Station am Neusiedler See eröffnet wurde. Der damalige Unterrichtsminister Dr. Felix Hurdes konnte die Station ihrer Bestimmung übergeben, wodurch die wissenschaftliche Arbeit und die Unterkunft der Wissenschafter gewährleistet waren. Neben der wissenschaftlichen Grundlagenforschung beschäftigen sich die Mitarbeiter der Station mit tier- und pflanzensoziologischen, aber auch physiologischen Themen. Als wesentlicher Erfolg der Station kann in erster Linie die Widerlegung der immer wieder auftauchenden Projekte zur Trockenlegung des Sees bezeichnet werden sowie der Behauptung, daß die Sumpf- und Wasservögel an der Dezimierung des Fischbestandes schuld seien. Die Ursachen des Rückganges des Fischertrages sind die spontanen Wasserschwankungen sowie die Vereisungs- und Abtaukatastrophen. Sicherlich war dies ein Beitrag

zur Milderung der vielschichtigen Konflikte um die Nutzungsansprüche am und um den See. Natürlich kommt es wegen der Beanspruchung des Sees zur Gewerbe- und Sportausübung immer wieder zwischen den Fischern, Jägern, Naturschützern, Seglern, Schiffahrtsbetreibern und der Tourismuswirtschaft zu Meinungsverschiedenheiten.

Am Neusiedler See verwenden die Fischer vorwiegend zwei Fangarten: die Reuse und das Zugnetz. Im Frühjahr wird hauptsächlich der Karpfen mit dem Zugnetz gefangen. Bevor die Laichzeit des Karpfens beginnt, wird der Netzfang eingestellt und der Fang mittels Reuse fortgesetzt. Außer Karpfen und Hechten kommen im Neusiedler See noch Schleien, Korauschen, Weißfische und, eher selten, Brachen und Pleinzen vor. Besorgniserregend ist dann immer für den Fischer die Zeit, wo der Seespiegel zu sinken beginnt und der See vor dem Austrocknen steht. Das ist dann die tote Zeit!

Da der See mit Ausnahme des Podersdorfer Ufers mit einem bis zu 3 km breiten Schilfgürtel umgeben ist, hat neben der Fischerei das Rohr des Schilfgürtels große wirtschaftliche Bedeutung. Es wird nämlich im grünen Zustand verfüttert und mit einer Länge von 2–3 m als Stukkaturrohr in den Handel gebracht. Außerdem bildet der Schilfgürtel den Nist- und Lebensraum für die einzigartige Vogelwelt, die sich hier aufgrund des Schnittpunktes mehrerer Flußstraßen der Zugvögel besonders gern aufhalten. Weiters wirkt der See auch als klimatischer Regulator, daher wird in den angrenzenden Gebieten Obst, Gemüse angebaut und vor allem Weinbau betrieben. Speziell der Anbau des Frühgemüses dient der Versorgung Wiens.

Die verkehrsmäßige Erschließung des Seegebietes und des übrigen Burgenlandes erfolgte langsam und im Anschluß an die alte

Eine Segelpartie, 1930

„Bernsteinstraße", die als wichtigster Handelsweg am See vorbeiführte, sie folgte auch den von den Römern gebauten Straßen. Bis zum Eisenbahnzeitalter spielte sich der gesamte Handels- und Warenverkehr auf der Straße ab, ebenso der Personenverkehr per Postkutsche. Erst das Jahr 1897 brachte durch den Bau der Bahnlinie Preßburg – Parndorf – Wulkaprodersdorf mit einer Abzweigung Neusiedl am See – Pamhagen – Eszterhaza zur Raab-Ödenburger Linie die eisenbahnmäßige Erschließung. Übrigens fährt diese Raab – Ödenburg-Ebenfurter Eisenbahn als einzigartiges Kuriosum nach mehr als 100 Jahren noch immer: Als Privatunternehmen mit ungarischen und österreichischen Aktionären überdauerte sie sowohl das Ende der Monarchie als auch den Zweiten Weltkrieg, den „kalten" Krieg und sogar den Ungarnaufstand 1956. Trotz der Konkurrenz der

Straße wurden von der ROeEE im Jahre 1978 immerhin vier Millionen Passagiere befördert.

Nach dem Jahre 1921, also seit der Zugehörigkeit zu Österreich, wurde gesteigerter Wert auf den Ausbau und die Erhaltung des Straßennetzes gelegt und so das Land aus seinem Dornröschenschlaf geweckt. Steht doch im Baedeker für Österreich–Ungarn aus dem Jahre 1906 über den Neusiedler See folgendes:

„12 km östlich von Ödenburg liegt der salzige Neusiedler See (Fertö-Tava) 36 km lang, in der Mitte 4 m tief, nach den Ufern zu aber so seicht, daß nur die kleinsten Boote ihn befahren können. Südöstlich endet er in einem teilweise bewaldeten, wildreichen Sumpf."

In den Jahren nach 1921 änderte sich dieser Schlummerzustand schlagartig. Begünstigt durch die Nähe der Bundeshauptstadt Wien

Nach der Schilfernte

Folgende Doppelseite:
Abendstimmung auf dem
Neusiedler See

entwickelte sich der Tourismus, und der Neusiedler See wurde ein Anziehungspunkt für die Wassersportler. Nicht umsonst wurde er liebevoll zum „Meer der Wiener" erhoben. In den Seegemeinden Neusiedl, Rust, Mörbisch und Podersdorf entstanden in den Jahren 1925 und 1926 die ersten Sportanlagen für Schwimmer, Segler und Eissportler. Der Bäderführer des Burgenlandes aus dem Jahre 1926 berichtet: „Schon jetzt sind mehrere Gemeinden am Ufer bemüht, für günstige Bade- und Unterkunftsverhältnisse zu sorgen, wobei einzelne von ihnen auch beträchtliche Kosten nicht scheuen. Am weitesten sind diese Vorarbeiten in Neusiedl, Podersdorf, Rust und Mörbisch fortgeschritten. In allernächster Zeit wird ein regelmäßiger Motorbootverkehr auf dem See eröffnet werden, der zunächst die genannten Orte miteinander verbinden soll!

Neusiedl am See. Stadt mit 2756 Einwohnern. Ein Damm und ein Kanal vermitteln den Verkehr mit der großen Badeanstalt (100 Kabinen und ebenso viele versperrbare Kleiderkästchen), und dem großen neuen Güntherschen Seerestaurant, das 800 Personen faßt. Bäderpreise: Allgemeiner Eintritt 20 g, Saisonkarte öS 6,– und für jedes weitere Familienmitglied über 14 Jahre öS 2,–, unter 14 Jahren öS 1,–, Kabine die ersten 2 Stunden 40 g, jede Badehose oder Handtuch 20 g, Badekostüm oder Leintuch 40 g, Jahresmiete für Standplatz eines Ruderbootes öS 4,–, Segelbootes öS 6,–, Motorbootes öS 9,–. Ruderboote pro Person und Stunde 70 g, über 1 Stunde 60 g, Tag (8 Stunden) 50 g, Segelboote bis 4 Personen öS 2,– pro Person und Stunde, Zillen bis 2 Personen 60g, 3 Personen 50 g, 4 Personen 40 g pro Person und Stunde.

Freistadt Rust. 1402 Einwohner. Binnen kurzem auch Motorbootverbindung mit Mörbisch – Podersdorf und Neusiedl am See. Im See große Badeanstalt. Mit Hilfe eines Dammes und Steges vom Ufer in 8 Minuten erreichbar. Badepreise: Badekarte für 1 Person mit Kleidern 50 g, Badekarte für 1 Person mit Badekabine 80 g. Miete für ein Ruderboot pro Stunde öS 1,–. Herrenbadewäsche komplett 50 g. Damenbadewäsche komplett 80 g.

Mörbisch. 1800 Einwohner. Badeanstalt im See mit 8 Kabinen für Familien, mit 2 großen An- und Auskleideräumen. Überfuhr zur Badeanstalt stets erhältlich.

Podersdorf. 1300 Einwohner. Unmittelbar am Seeufer, das hier keine Schilfzone aufweist. Seerestaurant Balthasar Karner. Preise der Badekabinen 50 g, der Ankleidekästchen 30 g." Immerhin gab es bereits im Jahre 1938 in dieser Region 157 Gast-, Schank- und Beherbergungsbetriebe. Leider brachte der Zweite Weltkrieg durch seine Zerstörungen, besonders das Jahr 1945, ein Ende dieses Aufschwungs. Erst ab dem Jahre 1950 entwickelten sich wieder nach bescheidenen Anfängen Fremdenverkehr und Tourismus um den See. Heute umfaßt die Seeregion 70% aller Nächtigungen des Burgenlandes.

Relativ früh, nämlich in den achtziger Jahren des vorigen Jahrhunderts, wurde am Neusiedler See bereits fleißig gesegelt, und der Wunsch nach einem Yachtclub mit den dementsprechenden Anlagen wurde immer lauter. Pionier des Segel- und Yachtsportes am Neusiedler See war ein gewisser Edward Drory, der zusammen mit einigen geschickten, angelernten Arbeitern für die Alte Donau und den Neusiedler See Segelboote zu bauen begann. Das größte Fahrzeug seiner Flottille war das zwölf Meter lange Boot LEONORE, das er auf dem Landweg an den Neusiedler See brachte. Seit dem Jahre 1882 waren die ungarischen Segler schon in einem Segelklub vereint, der seinen Sitz in Ödenburg hatte. In ihm waren die Yachten JULIA,

Links oben:
Die Terrasse des
See-Restaurants, 1927

Links: Neusiedl am See,
1927. Hugo Günthers
See-Terrassen-
Restauration „Venedig
am Neusiedler See"

Oben: Seebad
Neusiedl am See,
1928

Folgende Doppelseite:
Neusiedl am See, zu
einer Zeit, in der die
Straßen noch nicht
staubfrei waren

LISSA, IRMA, NEMERE, RUDOLF, ÖDÖN und MEDEA registriert; die meisten dieser Boote waren in Balatonfüred gebaut. Am 21. April 1886 konstituierte sich dann der „Union Yacht Club", der auch die Interessen der Segler des Neusiedler Sees wahrnahm. Leider brachte das Jahr 1890 wieder einmal den Rückgang des Wasserspiegels, und nach vergeblichem, vierjährigem Warten wurden die Boote an die Alte Donau, die oberösterreichischen Seen sowie an den Plattensee verkauft. Bis zum Ersten Weltkrieg stagnierte trotz Normalisierung des Wasserstandes der Segelsport. Das Jahr 1921 machte dann aus dem ungarischen einen österreichischen See. Schon am 17. Jänner 1927 wurde der „UYC"

Zweigverein „Neusiedlersee" gegründet, der nach zweijährigem Bestehen bereits 36 Mitglieder mit 18 Booten und 5 Eisyachten sein Eigen nennen konnte. Der „Anschluß" des Jahres 1938 raubte den Segelvereinen ihre Selbständigkeit, und der Zweite Weltkrieg vernichtete alles.

Nach Kriegsende, noch während der Besatzungszeit, begann langsam, aber konstant der Wiederaufbau, und heute besitzt der Neusiedler See schon wieder zwölf Segelklubs, und zwar: Union Yacht Club Neusiedlersee mit der Klubanlage in Neusiedl, Burgenländischer Yachtclub mit der Klubanlage in Rust, Yacht Club Breitenbrunn mit der Klubanlage in Breitenbrunn, Österreichi-

16820

Oben: 18. August 1927.
Seebad Neusiedl, kurz
vor der Regatta

Rechts oben:
Seebad Neusiedl, 1940.
Blick auf „Seebergers
Militärkantine"

Rechts:
Seebad Neusiedl, 1940

scher Heeres Yacht Club mit den Anlagen in Purbach, Yacht Club Mörbisch mit den Klubanlagen in Mörbisch, Yachtclub Illmitz mit den Klubanlagen in Illmitz, Yacht Club Weiden und Segel Club Weiden mit ihren Anlagen in Weiden, Yacht Club des Eisenbahnersports/Weiden mit den Klubanlagen in Weiden, Segelclub Neusiedl-West mit der Klubanlage im Neusiedl-Westhafen sowie der Yacht Club Seewind mit der Klubanlage ebenfalls im Neusiedl-Westhafen.

Die Zentren des Tourismus rund um den Neusiedler See sind am Ostufer die Orte Neusiedl, Weiden, Podersdorf und Illmitz. Am Westufer Jois, Winden, Breitenbrunn, Purbach und Oggau sowie die Freistadt Rust und Mörbisch mit seinen Festspielen. Neusiedl

hat nicht nur dem See seinen Namen gegeben, sondern es ist auch die heimliche Hauptstadt dieses Gebietes. Am Ende der Zufahrtstraße befindet sich der Strand von Neusiedl mit dem Seerestaurant, den Badeanlagen und dem Gemeindehafen Neusiedl-West. Etwas südlicher im Seewinkel liegt die Gemeinde Podersdorf, bekannt durch das schilffreie Strandbad sowie das beliebte Ausflugsziel, das Wirtshaus „In der Hölle". Im Zentrum des Seewinkels befindet sich Illmitz, die am tiefsten gelegene Gemeinde Österreichs (117 m Seehöhe), etwas abseits der großen Tourismuswege. Im Norden des Sees liegt die Biologische Station, dort breiten sich die Naturschutzgebiete mit ihren Salzlacken und Seen, wie der an Ungarn grenzende Sil-

bersee, aus. Am gegenüberliegenden Ufer des Sees liegt Mörbisch, jenes idyllische Weinbauerndorf, in dem Kultur im doppelten Sinn entsteht, nämlich die Weinkultur, ergänzt um die im Juli und August stattfindenden Seefestspiele, die beide hohes Ansehen genießen. Seit dem Jahre 1957 sind die Festspiele ein fester Bestandteil des Burgenländischen Kulturlebens. Neben Kultur bietet Mörbisch mit seiner Strandbad-Anlage sowie dem Gemeindehafen den Urlaubern und Wassersportlern jede Art von Erholung. Von Mai bis Oktober verkehrt täglich die Fähre Mörbisch – Illmitz und bietet Gelegenheit, den Radwanderweg um den See (ca. 70 km) oder die südliche Route über Ungarn (55 km) zu benützen. Außerdem findet hier alljährlich im Monat August ein fröhliches Wasserfest im Neusiedler See statt. Ziel dieses Volksfestes ist es, die 3 km lange Strecke von Mörbisch nach Illmitz im Freistil zu überwinden – alle Fortbewegungsarten sind erlaubt, und dem Sieger winkt ein Pokal. Die einzige Beschränkung für die Zulassung ist eine Mindestgröße von 1,70 m (wegen der Seeuntiefen).

Das nächste Ziel ist Rust; seit 1681 Freistadt. Sie bezeichnet sich selbst gern als die Weinhauptstadt Österreichs. Nicht unbegründet, sollen doch schon die Römer hier Weinbau betrieben haben und außerdem kaufte sich Rust im Jahre 1681 mit 500 Eimern (ungefähr 30.000 Liter) Wein sowie 60.000 Goldgulden von Kaiser Leopold I. frei. Neben dem Slogan „Wer hat Lust auf Rust" gilt die Stadt dank ihrer Störche und ihrem historischen Stadtkern als touristische Attraktion. Der Storch ist hier nicht nur der Wappenvogel, sondern ihm zur Ehre wurde als philatelistische Besonderheit am 21. März 1987 ein Storchenpostamt eröffnet. An Ende der Seezufahrt liegt die aus drei Armen bestehende Ruster

Bucht, einst eine Regattahochburg, wo so manche Staats- und Europameisterschaft ausgetragen wurde.

In nördlicher Richtung, den See entlang, erreichen wir Oggau, die älteste Rotweingemeinde Österreichs. Ruhig und abseits der üblichen Hektik ist der Gemeindehafen durch einen 1,5 km langen Kanal mit dem See verbunden. Ebenso auch der nächste Ort Purbach, von dem ein doppelt so langer Kanal zum See führt. Purbachs steinernes Wahrzeichen ist der „Türke im Rauchfang". Ungefähr 2 km von Purbach in nördlicher Richtung entfernt befindet sich Breitenbrunn, jener Ort, dessen Hafen eine der größten Binnenhafenanlagen Europas ist und der Platz für mehr als 1000 Boote bietet. Zum Abschluß der Rundreise um den See landen wir in Jois, dessen im Jahre 1982 entstandener Hafen – eine kleine Sensation – noch genügend freie Liegeplätze bereitstellen kann.

Im Gegensatz zum benachbarten Plattensee, wo eine florierende Dampfschiffahrt vorhanden war, entwickelte sich am Neusiedler See die Personenschiffahrt nur sehr zaghaft. Sicher waren die Gründe dieser Entwicklung die geringe Seetiefe sowie die dauernden Senkungen des Wasserstandes, die nur zu oft zum gänzlichen Austrocknen des Sees führten. Erst in der Zeit nach dem Zweiten Weltkrieg, also in den fünfziger Jahren, entwickelte sich die Personenschiffahrt auf dem Neusiedler See rasant und führte zum dichtesten Netz aller österreichischen Seen. Immerhin wurden im Jahre 1989 bei fast 5000 Fahrten in Linien- und Gelegenheitsverkehr 166.160 Personen befördert. Heute sind in der Region Neusiedler See 15 Schiffahrtsunternehmen etabliert, die den Linien- und Ausflugsverkehr durchführen. Von den wichtigsten Betrieben befinden sich in Neusiedl am See die Firmen Franz Baumgartner mit den

Seebad Neusiedl

Strandbad Neusiedl,
1954

Segelregatta auf dem
Neusiedler See, 1954

Folgende Doppelseite:
Landungsplatz, Seebad,
1927. Motorschiff
LENAU, das im
regelmäßigen Verkehr
zwischen Neusiedl und
Rust eingesetzt war

Oben: Oggau,
Gemeindegasthaus,
1958

Oben rechts: Podersdorf,
vom See aus, 1958

Rechts: Podersdorf, 1957

Motorschiffen NEPTUN und FREDERIKE für den Bedarfsverkehr und die Firma Helmut Leban, die ihr Motorschiff JOSEF HAYDN in erster Linie für Betriebsfahrten verwendet. In Mörbisch sind die Firmen Hermann Weiß mit den Motorschiffen CAROLINE, JAENNY, JUDITH, MICHAEL, MONIKA und PIROSCHKA (Gesamtfassungsraum 300) und das Mörbischer Schiffahrtsbüro von Hermann und Helga Drescher mit den sechs Motorschiffen MÖRBISCH I bis MÖRBISCH VI (Gesamtfassungsraum 1000 Personen) für den Ausflugsverkehr mit Gastronomie an Bord gerüstet. In Rust hat das Unternehmen Michael Schrei-

ner die Motorschiffe PANNONIA und FREISTADT RUST in Betrieb; das dritte Motorschiff befindet sich im Umbau. Weiters betreiben die Firma Margarethe Gmeiner in Purbach vier Motorschiffe für 283 Personen und die Firma Friedrich Knoll in Podersdorf zwei Motorschiffe für 212 Personen. Für den Liniendienst sowie die Radfähre Illmitz–Mörbisch ist die Illmitzer Firma Stefan Gangl zuständig. Mit den Motorschiffen ILLMITZ I und II sowie einem dritten Motorschiff warten sie zusammen mit den übrigen Schiffen der Flotte des Neusiedler Sees auf eine „Traumreise" durch Pannonien.

Vorhergehende
Doppelseite:
Badegäste, anno 1915

Oben: Podersdorf. Ein
Segeltag geht zu Ende

Unten: Reger
Bootsverkehr, 1957

Die Biologische Station Neusiedler See, Illmitz

Das Biologische Forschungsinstitut für das Burgenland. 1956 nahm das Burgenland die zunächst als Holzbau auf Piloten im Schilfgürtel bei Neusiedl 1950 errichtete „Biologische Station Neusiedler See" in seine Obhut. Ein Brand im Jahre 1960 beendete die erste Periode dieser wissenschaftlichen Tätigkeit im Seegebiet. Auf Beschluß der Burgenländischen Landesregierung und auf Anregung der Österreichischen Akademie der Wissenschaften wurde ein neuer Standort gewählt und in der Gemeinde Illmitz zwischen dem Seewinkel und dem Neusiedler See gefunden. Die Baukosten betrugen einschließlich der notwendigen Erschließungsarbeiten 10,2 Millionen Schilling. Im Jahre 1971 erfolgte die Eröffnung der neuen Station, das Biologische Forschungsinstitut für das Burgenland. Zu den zahlreichen wissenschaftlichen Tätigkeiten des Institutes gehören neben den Fragen des Natur- und Landschaftsschutzes auch die regelmäßge Kontrolle des Neusiedler Sees in hygienisch-bakteriologischer, chemischer und biologischer Hinsicht.

Das See-Strandbad
Mörbisch

Mörbisch, 1957

Links: Purbach, 1960

Links: Purbach,
altes Türkentor, 1938

Rechts: Rust,
altes Stadttor, 1930

Badeanlage Rust, 1936

Rust, Hauptstraße, 1941

Oben:
Rust, Badekasse, 1930

Unten:
Rust, der Zufahrtskanal
zum Seebad, 1928

Links:
Motorschiff NEPTUN
(20t, Baujahr 1979),
Schiffahrt Baumgartner

Links unten: Motorschiff
MÖRBISCH I, der Firma
Drescher, das auch im
Linienverkehr Mörbisch –
Illmitz eingesetzt wird

Unten: Badeanlage Rust,
1936

Folgende Doppelseite:
Wassersport auf
dem Neusiedler See

Rust mit Seebad, 1936

Oben: Die Flotte der
„Holiday Lines"-Schiffahrt
Gmeiner, Purbach

Motorschiff
FREISTADT RUST
(6,6t, Baujahr 1972),
Schiffahrt Schreiner

Motorschiff PANNONIA
(11,2t, Baujahr 1980),
Schiffahrt Schreiner

Oben: Illmitz, Bootshafen der Schiffahrt Gangl.
Motorschiffe ILLMITZ I und II
Unten: Neusiedl am See, Seebad, 1929